LA MOSAIQUE

RECUEIL DE PIÈCES NOUVELLES.

N. 45.

Théâtre de l'Ambigu-Comique.

AU VERT GALANT,

VAUDEVILLE EN DEUX ACTES.

50 CENTIMES.

PARIS,

BECK, ÉDITEUR,

Rue [illegible], 13, et rue du Cimetière-Saint-André-des-Arts, 13.

[illegible], successeur de [illegible].

1842.

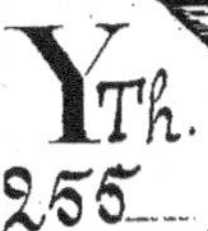

AU VERT GALANT!

VAUDEVILLE EN DEUX ACTES,

PAR MM. SAINT-YVES ET ANGEL,

Représenté pour la première fois, à Paris, sur le théâtre de l'Ambigu-Comique, le 14 avril 1842.

DISTRIBUTION :

LE BARON DE NÉRY	M. ANATOLE GRAS.	SUZON,	servantes...	Mlle RACINE.
LE MARQUIS DE RAVIOLI	M. COQUET.	FANCHETTE,	servantes...	Mme ADALBERT.
LA BARONNE	Mlle LUCIE.	MARIN, laquais		M. BERTHOLET.
LA MARQUISE	Mlle BOUTIN.	LE CHEF DU GUET		M. ALEXANDRE.
MUGUET, garçon parfumeur.	M. CHARLES PÉREY.	SOLDATS DU GUET.		
MOUCHMANN, sergent suisse	M. SALVADOR.	BUVEURS.		

La scène se passe à Paris, sous Louis XV.

ACTE I.

Une partie des jardins du *Vert-Galant*. A droite, l'entrée de la guinguette. Des deux côtés de la scène, un bosquet garni de bancs et de tables.

SCÈNE I.

SUZON, FANCHETTE, allant et venant; LE CHEF DU GUET, BUVEURS, PROMENEURS, SOLDATS DU GUET.

CHŒUR.

Air de Clapisson.

Vive l'existence,
Lorsque la bombance,
Le vin et la danse
En font l'ornement!
Où règne sans cesse,
Toujours en liesse,
La vive allégresse?
C'est au Vert-Galant!

LES BUVEURS. Eh! la fille!.. la fille!..

SUZON, FANCHETTE, servant les buveurs. Voilà! voilà!..

LE CHEF DU GUET, s'adressant à ses hommes. Attention, les enfans!.. Le populaire abonde à la Rapée; la journée sera bonne pour le guet... Toi, l'Efflanqué, prends quatre hommes et suis la foule... Toi, Lagrenade, va faire un tour au *Moulin d'amour*... Toi, Léperlan, introduis-toi dans le *Four de Comus*... Quant à moi, je me charge du *Vert-Galant*... et pour mieux observer, je me mêle à la danse... Rendez-vous général, ici... à la retraite... pour ramasser les traînards... Allez!

(Ils sortent; le chef du guet disparaît un moment.)

LES BUVEURS. Du vin! du vin!..

SUZON, apportant du vin. Eh! bon Dieu!.. on ne peut pas servir tout le monde à la fois... on n'a pas cent bras.

FANCHETTE, s'essuyant le front. Ouf! quel coup de feu!.. Et dire que tous ces gens-là, c'est ici pour s'amuser, pour danser et pour boire.

SUZON. Tiens! pourquoi que nous n'en ferions pas autant?

FANCHETTE. Eh ben! et le service.

SUZON. Le plus fort est fait; et, ma foi, s'il nous tombait tant seulement à chacune un bel homme sous la main...

FANCHETTE. Par exemple!.. Que dirait le

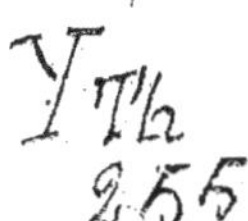

sergent Mouchmann, le plus amoureux et le plus entêté de tous les suisses de Sa Majesté le roi Louis XV?.. Il est vrai qu'il est de garde à Versailles.

SUZON. Dame! les absens ont tort... C'est comme mon Céladon?.. le petit Muguet... un méchant parfumeur de quatre sous qui se donne des airs de me faire attendre.

Air de Cocorico.

Quoiqu'on n' soit qu'une servante,
On possèd' quelques attraits;
Et les amoureux, j' m'en vante,
Ici ne manquent jamais.
Dans l' civil ou l' militaire,
On a de quoi faire un choix;
Au soldat si tu sais plaire,
Moi j'aime mieux le bourgeois.
Il est tendre;
Faut entendre
Ses désirs,
Ses soupirs!..
A son cœur,
Plein d'ardeur,
Pour donner un peu d' bonheur,
Un p'tit coup d'œil... et voilà
Comme on prend ces oiseaux-là.

FANCHETTE.

Moi, c'est un garde française
Qui l' premier me fit la cour;
Puis un dragon, chaud comm' braise;
Après lui vint un tambour.
J'ai fait poser tout's les armes;
P'tit ou grand, gentil ou laid,
Pour moi, l' troupier a des charmes,
Et l' pékin n'est pas mon fait.
Mais l' militaire
Est, ma chère,
Exigeant
Et changeant;
Beau vainqueur
Quand son cœur
Est pour nous en frais d'ardeur,
Un p'tit baiser... et voilà
Comme on prend ces oiseaux-là.

SUZON. Malgré tout ça, j'ai bien envie de renvoyer mon parfumeur à son mortier.

FANCHETTE. Et moi, de planter-là mon sergent pour reverdir.

SUZON. Dis donc, Fanchette, quelle différence avec ces deux laquais de grande maison qui viennent ici depuis un mois tous les dimanches!.. Tu sais?..

FANCHETTE, soupirant. Ah!..

SUZON, de même. Ah!

LE CHEF DU GUET, qui est revenu tout doucement et qui se trouve entre elles deux. Ah!

SUZON et FANCHETTE, effrayées. Ah!

LE CHEF DU GUET. C'est pour avoir celui de vous offrir, les petites mères, la perspective d'une ronde ou d'une bourrée.

FANCHETTE. Monsieur le militaire...

SUZON. Tiens, pourquoi pas?.. Les chalands ont fini de boire... ils vont retourner à la danse... Fi des torchons, et va pour une ronde!

TOUS. Bravo! bravo!..

REPRISE DU CHOEUR.

Vive l'existence, etc.

(Sortie générale.)

SCÈNE II.

LE BARON, LE MARQUIS, déguisés en domestiques.

LE BARON, entrant. Ma foi! nous y voilà... arrive qui plante!

LE MARQUIS. Ah ça, vous trouvez donc que j'ai bon air sous ce costoume? Qu'en dites-vous, ser baron de Néry?

LE BARON. Baron, baron, m'appeler ainsi, y pensez-vous, marquis?

LE MARQUIS. Ah! le mot il est zoli; vous me faites oun reproche, et tout aussitôt voilà que vous le méritez à votre tour!.. Ma, n'importe, votre observation elle était zouste; nous devons éviter qu'on ne nous reconnaisse.

LE BARON. Ne sommes-nous pas convenus, depuis un mois, que nous fréquentons ce champêtre établissement...

LE MARQUIS. Si, pardiou, c'est convenou: vous n'êtes pas le sarmant baron de Néry, que la ville et la cour ils connaissent si bien, le baron de Néry attassé à la bousse d'ou prince de Condé, ni moi l'illoustre marquis de Ravioli, zentilhomme de la garde-robe d'ou roi de Naples, il n'y a ici que deux laquais, deux marauds de laquais, qui s'en viennent se divertir au cabaret du Vert Galant, le plous renommé de la Rapée... Ah! si le roi de Naples me voyait...

LE BARON. Bon! voilà le roi de Naples, à présent... Mais, pour Dieu, oublions un moment qui nous sommes; et puisque nous en avons le costume, amusons-nous comme de simples roturiers.

Air: Apportez vos pinceaux.

Quel plaisir enivrant
Que la guinguette
En cachette!
C'est un tableau charmant
Que celui du Vert-Galant.

Là, c'est l'amitié qui veille
Auprès d'un flacon de vin;
Mais du fond de la bouteille
La discorde sort soudain.

ENSEMBLE.

Quel plaisir, etc.

LE MARQUIS.

Là-bas, c'est une soubrette
A sa maîtresse ayant pris,
Non-seulement sa toilette,
Mais ses grands airs de Paris.

ENSEMBLE.

Quel plaisir, etc.

LE BARON.

Ici, sans bruit on se jure
Amour éternel, constant;
Mais, comme ailleurs, cela dure
Jusqu'au dimanche suivant.

ENSEMBLE.

Quel plaisir, etc.

LE MARQUIS. Allons, pouisque c'est l'ousage parmi les gens comme il faut de s'encanailler, nous allons faire un tas de folies et de ravazes dans le cœur des petites bourgeoises... C'est oun bonheur divin, et ze me proumets bien que notre livrée sera surtout celle d'ou plaisir et de l'amour.

LE BARON. Farceur de marquis, a-t-il des idées!.. (Bas.) Dites donc, Marquis, si nos femmes savaient...

LE MARQUIS. Chout! ne parlons pas de cela... ça porte malhour... Et si ces dames de leur côté...

LE BARON. Y pensez-vous, Mme de Néry, la vertu même.

LE MARQUIS. La vertou!.. la vertou!.. tient à si peu de çose.

LE BARON. Il faudrait encore une occasion... A la vérité, ce diable de Marillac cherchait hier, chez le prince, à éveiller ma jalousie, à propos d'un certain cousin de ma femme que je n'ai jamais vu, le vicomte d'Aiguepierre, arrivé depuis peu à Paris.

LE MARQUIS. C'est tout comme moi, mon ami, au soujet d'un certain colonel de Royal-Allemand qui aurait, dit-on, courtisé autrefois la marquise de Ravioli, à Rome, et qu'elle aurait retrouvé dans cette capitale.

LE BARON. Mais, nous nous alarmons à tort; décidément, ces dames ne pensent pas à mal... Et puis, d'ailleurs, on connaît le cœur des femmes; on sait gouverner ça, n'est-ce pas, marquis, on sait gouverner ça. Sans compter le chapitre des consolations, des raccommodemens... Hein? vous souriez, faquin... Ah! voilà que vous louchez, polisson.

LE MARQUIS. Ser baron de mon âme, tu me rézouis avec tes gaillardises... Ma, n'oublions pas que nous sommes venous pour ces petites mignonnes.

LE BARON. Oui, oui, nos conquêtes de dimanche dernier; elles se nomment, je crois, Fanchette et Suzon, noms charmans des plus délicieuses friponnes que j'aie jamais connues.

LE MARQUIS. Vive Diou! pour lour plaire, ze donnerais mes armoiries: gueules de lion en champ d'argent, avec une magnifique loune en croissant.

LE BARON. Sublime sacrifice!.. Mais, pour commencer, et en attendant l'arrivée des poulettes, il faut goûter du vin de l'endroit... Holà! quelqu'un.

LE MARQUIS. Zustement, ce sera un moyen de faire arriver la petite... Quelqu'un!

ENSEMBLE.

Allons... allons donc.

SCÈNE III.

LES MÊMES, SUZON.

SUZON, rajustant son tablier. Voilà... voilà... on appelle?.. Mon Dieu! la danse m'a fait oublier... Voilà... voilà... Que désire ces messieurs?.. (A part.) Tiens, nos galans de dimanche dernier.

LE BARON, au marquis. Elle nous reconnaît... Imitez-moi! (Haut.) Charmante Suzon, j'ai bien l'honneur...

LE MARQUIS, saluant aussi. Charmante... (A part.) J'aimerais mieux son amie.

(Il la cherche des yeux.)

SUZON, regardant le marquis. Est-il farce, celui-là!

LE BARON. Suzon, nom délicieux! il exhale un parfum de simplicité!

LE MARQUIS. De douceur!

LE BARON. De naïveté!

LE MARQUIS. De candeur!..

SUZON. Voient-ils des choses dans mon nom!

LE BARON. Admirez donc sa piquante tournure.

LE MARQUIS. Elle a des youx! des youx!.. (A part.) Pas si louisans que l'autre.

SUZON. Comment, des youx?.. Sans doute que j'en ai des yeux... je suis comme tout le monde.

SCÈNE IV.

LES MÊMES, LA BARONNE, LA MARQUISE, déguisées en ouvrières endimanchées.

LA BARONNE, paraissant au fond. Les voilà... je vous l'avais bien dit.

LA MARQUISE. Oui, c'est le baron, et je reconnais le marquis sous le costume de ce domestique à la livrée jaune.

LA BARONNE. Tenons-nous à l'écart et écoutons.

LE BARON, au marquis. Allons, mon cher, il ne s'agit que de vous lancer. (Prenant la taille à Suzon.) Franchement, on n'a pas la taille mieux faite.

LA MARQUISE, au fond. Quelle familiarité!

LA BARONNE. Cela crie vengeance.

SUZON. Monsieur...

LE MARQUIS. Ce bras est d'une fermeté, d'une blancheur!.. (A part.) Pas tant que l'autre.

LA MARQUISE, prêtant l'oreille. Ah! mon Dieu, on vient de ce côté.

LA BARONNE. Suivez-moi, ma chère; nous en savons assez... Et maintenant, à notre tour.

(Elles disparaissent.)

SUZON, se débattant. Mais, Messieurs, laissez-moi, laissez-moi donc.

SCÈNE V.

LES MÊMES, FANCHETTE.

FANCHETTE. Que vois-je? deux particuliers avec Suzon.

LE MARQUIS, apercevant Fanchette. Ah! la voi

ci... Coupidon, tou me protèges. (Il veut la saisir.) Restez avec moi, mon enfant.

FANCHETTE. A bas les mains!.. On regarde, mais on ne touche pas!

LE MARQUIS. Aïe! tou fais la précieuse... comme l'autre...

FANCHETTE. Précieuse?.. Qu'est-ce que c'est qu' ça? Je ne suis pas précieuse.

SUZON. Ni moi non plus... Nous sommes vos servantes... Voyons, que désirez-vous?

LE BARON. Ce que nous désirons?.. Un seul baiser.

SUZON. Voyez-vous, M. Sans-Gêne?

LE MARQUIS. Oui, oun baiser... c'est-à-dire, doux baisers, doux gros baisers...

FANCHETTE. Ah ben! par exemple!

Air du Ménage de garçon.

Nous avons du rôti, d' la salade,
Mais non ce que vous postulez.

LE MARQUIS.

Quoi! pour une simple accolade?

SUZON.

Faut-il du veau, Messieurs, parlez.
De nos mets parcourez la note
Avant de vouloir m'embrasser,
Vous y verrez de la gib'lotte,
Vous n'y verrez pas de baiser.

LE BARON. Ah! ah! délicieuse!

SUZON. Finissez, ou j'appelle.

FANCHETTE. Je fais venir la bourgeoise!

LE BARON. Est-elle jolie, la bourgeoise? Nous l'embrasserons aussi!

LE MARQUIS. Oui, ze souis en train d'embrasser tout le monde!

SCENE VI.

Les Mêmes, MOUCHMANN.

MOUCHMANN. Brésent! ché rétiens un niméro!

FANCHETTE. Dieu! mon Suisse!

LE BARON. Son amoureux!

LE MARQUIS. Eh! vive Dieu! qué nous veut cet homme?

MOUCHMANN. Tis tonc, falet de carreau, ché ne suis bas un homme.

LE MARQUIS. Zé crois, mon ser, qu'il m'a appelé oun valet de carreau.

MOUCHMANN. Ché m'abbelle Mouchmann, serchent dans les cartes suisses de Sa Majesté... et té blus, gabitaine de ce betit cœur-là, tont chai le gommantement.

FANCHETTE. C'est-à-dire, sergent...

MOUCHMANN. Taisez-fous sous les armes... (Montrant Suzon.) Et, Matemoiselle il est l'amoureuse d'un ami qui s'abbelle Muguet; et si fous touchez à son femme, fous aurez affaire à moi.

LE MARQUIS. Zé crois qu'il me menace... Ah! si ze ne me retenais... ma, zé me retiens! ma dignité!.. un zentilhomme attassé à la garde-robe du roi de Naples!..

LE BARON, au marquis. Ne nous compromettons pas avec ce drôle. (Haut.) Nous vous laissons. (Bas, à Suzon et à Fanchette.) Nous allons revenir... sans adieu!

FANCHETTE et SUZON. Mais, Messieurs...

LE BARON. Silence! c'est convenu, dans un quart d'heure, sous ce bosquet. (Au marquis.) Vous, mon cher, pas d'imprudence, et suivez-moi.

LE MARQUIS, qui regarde avec colère Mouchmann. Oui, vous avez raison... zé me contiens, ze me modère... car si ze m'abandonnais à mon naturel fougueux... (A part.) Ah! si le roi de Naples me voyait...

ENSEMBLE.

Air : Du palais, il faut.

LE BARON et LE MARQUIS.

Non, je n'aime pas les querelles;
Et puisqu'ici l'on est jaloux,
Feignons d'abandonner nos belles,
Et tous deux, mon cher, filons doux!

MOUCHMANN.

Moi, ché grains fort beu les querelles;
Mais, groyez Mouchmann, filez toux,
Gar si fous gourtisez nos pelles,
Fous recefrez queuqu' mauvais goups.

SUZON et FANCHETTE.

Mais à quoi bon tant de querelles?
Moi, je n'aime pas les jaloux;
Et pendant qu'ils s' disputent leurs belles,
Nous pourrions bien, nous, filer doux.

SCÈNE VII.

MOUCHMANN, FANCHETTE, SUZON; puis, MUGUET.

MOUCHMANN. Maintenant, à nous trois... Ah! fous afez des intriques... Ah! sacremein!.. (Suzon et Fanchette lui rient au nez.) Ah! sacremein!

MUGUET, fredonnant dans la coulisse.

C'est Bacchus, le dieu de la treille,
Qui fait la pluie et le beau temps!

MOUCHMANN. Chustement, c'hentends mon ami Muguet... che fa tout lui ragonter.

MUGUET, entrant. Tiens, le sergent Mouchmann avec nos deux sexes... Bonjour, beautés sensibles... Comment vous portez-vous? Moi, ça va bien, merci.

MOUCHMANN. Les peautés nous trombent!

MUGUET. Hein? qu'est-ce qu'il dit, le suisse?

SUZON. Il dit des bêtises.

MOUCHMANN. Des pêtises!.. quand là, dout à l'heure, fous causiez tentrement afec teux hommes, teux paux tomestiques, sacremein!

MUGUET. Comment, comment, c'est-il possible? on fait des traits à son petit Muguet? à son amour de Muguet?

SUZON. Laissez-moi! vous venez faire le câlin, maintenant, quand vous êtes resté huit jours sans paraître, c'est vous qui nous trompez.

MUGUET. Incapable!.. Apaisons ce courroux intempestif, et cimentons l'alliance.

SUZON. Quoi! vous voulez?..

MUGUET. Une simple accolade pour raccommoder la chose.

SUZON et FANCHETTE. Jamais!

MUGUET. Eh bien! à votre aise; puisque vous faites les princesses, je vas faire mon petit roi; je trouverai des consolations; j'en trouverai autre part, des consolations,

MOUCHMANN. Oui, nous en truferons des... gomment que tu as tit?

MUGUET. Laisse-moi, suisse; je suis exaspéré!

SUZON. Ah! c'est ainsi que vous le prenez.

MUGUET. C'est-à-dire que je ne le prends pas. Eh bien! oui, Mamzelle, je suis las de vos caprices... V'là trop long-temps qu' ça dure... Nous étions dans l'esclavage, nous reprenons notre liberté... Nous cassons nos fers, crac!

MOUCHMANN. Ya, Ya, che rebrends mon liperté... che gasse mon ver.

SUZON. Vous êtes un monstre!.. Mais, nous aussi, nous saurons trouver des consolateurs.

MUGUET. Possible!

FANCHETTE. Nous ne sommes pas embarrassées d'avoir d'autres amoureux.

MUGUET. A qui le dites-vous?.. Et nous donc, des amoureuses... On les prend sans les compter...

SUZON. Les femmes des autres ont tant de charmes pour ces messieurs... Le bien d'autrui est si tentant!

MUGUET. Avec ça que vos pareilles s'en privent... du bien d'autrui.

FANCHETTE. Dame! quand on a mal choisi.

MOUCHMANN. Sacrémein!

MUGUET. Suffit, suisse...; c'est des bégueules!

SUZON et FANCHETTE. Des bégueules... quelle horreur!

ENSEMBLE.

Air d'Iphigénie.

Après un aussi grand esclandre,
Désormais, je n' veux rien entendre;
Ne revenez plus
Nous ne viendrons plus } en ces lieux,
Pour nous attendrir sur vos feux.
Formons tous un lien plus tendre:
La vengeance est le plaisir des dieux!

(Suzon et Fanchette rentrent.)

SCÈNE VIII.

MOUCHMANN, MUGUET.

MOUCHMANN. A-t-on jamais fu!

MUGUET. Allons, allons, toute réflexion faite, faut pas rager, ça fait du mal; et, puis, en fait de femme, une de perdue...

MOUCHMANN. Cent de retrouées!

MUGUET. Bien parlé, suisse... Je te conserve mon estime, et pour preuve, je veux t'enseigner aujourd'hui le moyen de remplacer la beauté que tu viens de perdre... Attention!

MOUCHMANN. A la ponne heure!

MUGUET. Vois-tu, suisse...

Air de Calpigi.

A tes progrès je m'intéresse
Et veux t' fair' faire une maîtresse;
Mais, suivant en tous points ma loi,
Prouv' qu'il y a d' l'étoffe en toi.

MOUCHMANN.

Che bort' toujours teux aun's bassées.

MUGUET.

Tes parol's ne sont guèr' sensées,
Il est question de ton esprit.

MOUCHMANN.

Ch'al gru que c'était d' mon hapit.

MUGUET. Vois-tu, la belle Suzon, c'est pas pour dire... mais il était temps de nous brouiller; c'était le moment, le véritable quart d'heure, d'autant plus que j'ai remarqué, en arrivant ici, deux beautés... un peu hupées, je te prie de croire... costume de distinction... des femmes très comme il faut... des cuisinières d'ambassadeurs.

MOUCHMANN. Ah! tu grois?

MUGUET. Je le parierais... Je les ai regardées d'un œil... tiens, comme ça!

MOUCHMANN. Sacrémein! quel peau œil!

MUGUET. Et, alors, elles m'ont fait un autre œil, comme ceci... C'est clair, ça, hein?

MOUCHMANN. Ah! fraiment!

MUGUET. Parbleu! c'est comme je te le dis, D'abord je les ai suivies... mais j'étais pressé de te rejoindre... elles ont filé d'un autre côté... nous les retrouverons... Tu conçois que quand on a échangé des coups d'yeux d'un certain genre, tout est dit.

MOUCHMANN. Ah! bétite français, gomme tu être fine!

MUGUET. Fin, suisse, fin!

MOUCHMANN. Ya, ya, tu être fine!.. et buis, ça fera enracher Fanchette et Suzon!.. Tiens, bétite Muguet, tu m'électrises... et si che tenais un ou blusieurs peautés.

MUGUET. Comme ça se trouve, j'aperçois deux minois qui viennent de ce côté.

MOUCHMANN. Teux minois... Oh! sacrémein!

MUGUET. Attention, de la tenue... de *l'émabilité*... Ah! Dieu! ce sont elles! (On entend du bruit dans la coulisse.) De quoi? deux particuliers qui veulent les emmener... elles résistent... on les bouscule, Minute!.. respect à la beauté!.. Suisse, soutiens-moi... viens les protéger... Ah! prête-moi ta flamberge!

(Il sort un moment en emportant le sabre de Mouchmann.)

MOUCHMANN. Bétite Muguet, bétite Muguet; sacrémein! il fa se gouper les doigts...

(Nouveau bruit au dehors; la baronne et la marquise entrent en scène, suivies de Muguet, qui les rassure.)

SCÈNE IX.

LES MÊMES, LA BARONNE, LA MARQUISE.

ENSEMBLE.

Air du Tourbillon.

Ne tremblez pas,
Ne tremblons pas;
Assurance
Et confiance.
Grace à mon/son bras,
Vous êtes/Nous sommes hors d'embarras.

MUGUET, essuyant le sabre sur sa manche. Oui, belles dames, les insolens sont en fuite, et tout leur sang...

LA BARONNE. Dieu! y aurait-il quelqu'un de blessé?

MUGUET. Personne... Je disais seulement que tout leur sang versé, n'aurait pas suffi à mon juste courroux; quant à ce geste que je fais, c'est pour essuyer le damas de mon ami. Suisse, reprends ton instrument.

MOUCHMANN. Il n'est bas épréché?

LA BARONNE. Maintenant, Messieurs, il nous reste à vous remercier de votre protection.

MUGUET. Quoi! vous nous quitteriez ainsi?

LA MARQUISE. Mais, Monsieur...

MUGUET. Oh! ne craignez rien... Nous savons trop bien quels égards nous devons à deux beautés qui sont ce que vous paraissez être.

LA BARONNE, vivement. Comment, Monsieur? Que dites-vous?

MUGUET. Je dis, belles dames, que nous serions désolés de vous causer le moindre effroi... et qu'au contraire mon ami Mouchmann, sergent aux gardes suisses...

MOUCHMANN. Brésent!

MUGUET. Et moi, Fortuné Bonaventure Muguet, garçon parfumeur à la *Cloche d'or*, nous serions heureux de vous prouver combien le respect, joint à ce que la circonstance...

MOUCHMANN, le soufflant. La resbect... le cirgonstance...

MUGUET. Comme je vous le disais, le cirgonstance... la resbect... (A part.) Allons, bon! il me fait parler suisse!.. (Haut.) Vous offrirai-je une bouteille à douze?

LA BARONNE. Merci, Monsieur; nous désirons nous retirer, et vous êtes trop galant...

MUGUET. Pour vous retenir de force, jamais! Mais je vous ferai remarquer que vous êtes seules... et qu'on peut encore venir vous insulter.

LA BARONNE, bas, à la marquise. C'est qu'il a raison!..

LA MARQUISE. Mais, si nos maris nous voyaient en pareille compagnie...

LA BARONNE. Eh bien! tant mieux!.. Après tout, ne méritent-ils pas aussi une leçon?.. Je voudrais qu'ils pussent, à leur tour, nous trouver en tête à-tête... cela leur apprendrait...

MUGUET, à Mouchmann. Elles se consultent, laisse-moi faire... A toi celle-ci... (Il lui montr[e] la marquise.) Je confisque l'autre... (Haut.) [A] propos, mes charmantes, on dirait que vou[s] avez chaud...

LA MARQUISE. Oui, cet événement de tout [à] l'heure nous a beaucoup émues... Et puis, l[a] poussière...

MUGUET. La poussière... Vous devez avoi[r] besoin de vous rafraîchir... de manger un mor[-]ceau... (Faisant sonner son gousset.) Que ne par[-]liez-vous?.. J'ai touché mon mois hier... 22 li[-]vres 17 sous 6 deniers.

MOUCHMANN, frappant sur la table. Allons, [à] poire!.. à poire!..

MUGUET, de même. Oui, morbleu! à boire!..

LA MARQUISE, à la baronne. Arrêtez-les donc

LA BARONNE. Ils ne sont pas dangereux, m[a] chère; et puis, songez donc... il faut être u[n] peu reconnaissantes pour nos défenseurs.

MUGUET. La fille!.. quatre pintes à dix!

LA BARONNE. Quatre pintes!

MUGUET. Chacun la sienne... c'est l'usage.

MOUCHMANN. Oui, c'est l'usache..

MUGUET. La fille!.. du rrrrôti pour huit!..

LA MARQUISE. Pour huit!..

MUGUET. Chacun deux parts... c'est l'habitude.

MOUCHMANN. C'est l'hapitude.

MUGUET. Mais, arrivera-t-on?.. (Criant ave[c] Mouchmann.) La bonne! la servante! la fille!.

SCENE X.

LES MÊMES, FANCHETTE, SUZON.

SUZON. Voilà! voilà!..

MUGUET. C'est Suzon, tant mieux!..

MOUCHMANN. La bétite Fanchette... pon.. pien!..

MUGUET. La fille... quatre couverts pour mo[i] et ma société...

SUZON. Sa société... le monstre!

MOUCHMANN. Quatre guferts... vous gom[-]brenez...

FANCHETTE. Que trop!.. vilain Suisse!..

MUGUET. Dis donc, Suisse, une idée!..

MOUCHMANN. Une itée... foyons?..

MUGUET. Si nous faisions avaler des goujon[s] à ces dames?

MOUCHMANN. Des guchons?.. ya, ya... (A Fanchette.) Fous gombrenez, la fille?..

FANCHETTE. Oh! si je m'écoutais...

(Elle rentre.)

MUGUET, à Suzon. Avec des pigeons à la cra[-]paudine...

SUZON. Ce genre!.. J'ai peine à me contenir!..

(Elle rentre.)

MOUCHMANN, criant. Et du fin! gomme s'il en pleufait!..

MUGUET. On ne boude pas au *Vert-Galant*. (Suzon et Fanchette reviennent, avec des provisions, et mettent le couvert sous le berceau à droite.) A la guinguette!.. liberté! *libertas*!..

MOUCHMANN. *Libertatibus*!

MUGUET, frappant sur le bras de la baronne. N'est-ce pas, la belle?

LA BARONNE. Dieu ! quel poignet !..

MOUCHMANN, même jeu vis-à-vis de la marquise. Bas frai, bétite mère...

LA MARQUISE. Monsieur...

MUGUET, à Mouchmann. Bravo ! Suisse, tu te lances !

MOUCHMANN. Ché me déféloppe, ché sens ça...

SUZON. Messieurs, vous êtes servis...

MUGUET. Maintenant, la fille, on vous appellera quand on aura besoin de vous.

MOUCHMANN, à Fanchette. Attention au gommandement !.. En afant, marche !

SUZON. Vois-tu, Fanchette, je donnerais ma croix d'or pour retrouver nos galans de tout à l'heure.

FANCHETTE. Et moi donc, je donnerais... je ne sais quoi...

SCÈNE XI.

MUGUET, MOUCHMANN, LA BARONNE, LA MARQUISE.

LA MARQUISE, à la baronne. Ils commencent vraiment à m'effrayer.

LA BARONNE. Riez de tout... nous sommes au *Vert-Galant*.

MUGUET. Maintenant, à table !..

(Ils conduisent les deux dames d'un air conquérant.)

MUGUET, à Mouchmann. Chaud, chaud !.. En avant l'explication... (Haut, en versant à boire.) Vous connaissez, belles dames, nos positions respectives, et le rang dont nous jouissons dans la société... Peut-on, en retour, vous demander vos noms, prénoms, et votre état de par le monde ?

LA BARONNE. Nous servons...

MUGUET. Dans quel corps ?

LA BARONNE. Moi, je sers dans le corps des femmes de chambre...

MOUCHMANN, à la marquise. Et fous, la pelle ?

LA MARQUISE. Dans celui des... cuisinières.

MOUCHMANN. Ch'aime peaucoup les guisinières... y a cras afec elles.

MUGUET. Moi, je suis fou des femmes de chambre... et si l'affaire peut s'arranger...

LA BARONNE. Quoi donc ?

MUGUET. Si vous voulez correspondre...

LA BARONNE, riant. A quoi ?

MUGUET. A ma tendresse... car le parfumeur sèche sur pied, divine... Ton nom ?..

LA BARONNE. Rose.

MUGUET. Rose !.. ô bonheur !.. la rose se marie très bien au muguet.

MOUCHMANN. Et le fôtre ?

LA MARQUISE. Marguerite.

MOUCHMANN. Marguerite et Mouchmann, ça se marie engore pien mieux.

MUGUET. Ton verre, Suisse... Je porte une santé à la beauté en général, et à nos conquêtes en particulier.

MOUCHMANN. C'est ça... à nos gonquêtes !..

LA MARQUISE, à la baronne. Pourvu qu'ils n'aillent pas se griser.

MUGUET. Maintenant, modulons quelque chansons... J'en sais une où à la fin de chaque couplet on fait chorus et on embrasse sa voisine.

LA MARQUISE. Par exemple !

MUGUET. Il y a quarante-trois couplets.

MOUCHMANN. Ça doit être pien choli.

LA BARONNE. Oh ! je ne tiens pas à l'entendre.

MUGUET. Non ?.. Eh bien ! je vas vous en chanter une autre... qui n'a servi qu'une fois... à la fête de ma bourgeoise de la *Cloche d'or*. Attention !..

Air nouveau de M. Artus.

Tac et tic et tac et tin tin tin,
Fraîche et vermeille,
La beauté fait merveille ;
Tac et tic et tac et tin tin tin,
Qu'un gai refrain
Nous mette tous en train !

C'est en l'honneur de la bourgeoise
Que j'ai fabriqué ces couplets ;
Pour n' pas fêter notre Françoise,
Il faudrait n'être pas Français...

Tac et tic, etc.

(On reprend le refrain en chœur, en frappant sur les assiettes et les verres.)

Reine de la parfumerie,
Les autr's marchand's baissent le ton ;
Car, en vous voyant, on s'écrie :
Ah ! Madam', que vous sentez bon !

Tac et tic, etc.

Vraiment, tant d' beauté vous expose,
Et moi même, sac à papier !
S'il faut d' la pommade à la rose,
J' veux toujours vous mettr' dans l' mortier.

Tac et tic, etc.

SCÈNE XII.

LES MÊMES, FANCHETTE, SUZON ; puis, LE BARON et LE MARQUIS.

SUZON, reparaissant vers le fond et apercevant le Marquis et le baron dans la coulisse. Que vois-je ? ce sont eux. (Appelant.) Fanchette !.. Fanchette !

(Celle-ci paraît, et Suzon lui parle bas.)

LE MARQUIS, entrant et portant un pain et des assiettes. Ah ! mon ser, vous êtes oun égoïste, car z'ai le plous lourd : oun pain de six livres et des assiettes.

LE BARON, portant un énorme morceau de veau. Mais je tiens un morceau de veau... Encore ne l'ai-je pas eu sans peine... Vous voyez que, même en payant, on ne peut pas dîner ici... C'est très amusant.

LE MARQUIS. C'est très amusant... Mais qu'aperçois-ze ?.. nos belles signorinettes.

LE BARON. Eh ! justement, invitons-les à manger un morceau avec nous.

FANCHETTE et SUZON. Mais, ce n'est pas de refus, Monsieur.

LE MARQUIS. Sarmant! sarmant!.. Venez donc avec nous, sous ce bosquet... c'est ou ne peut plous champêtre.

(Il les entraîne sous le berceau à gauche.)

LA BARONNE, à la marquise et regardant de l'autre côté du théâtre. Les voilà... je les reconnais. Allons, allons, courage! et, pour être complètement dans notre droit, imitons en tout point leur exemple.

SUZON, à Fanchette. N'oublions pas surtout que nous sommes là pour prendre notre revanche.

FANCHETTE. Il est bien convenu que tout ce qu'ils feront dans l'autre bosquet...

SUZON. Nous l'imiterons dans celui-ci.

MUGUET, à la Baronne.

Air de Madeleine et Gros-Jean.

Allons, approche-toi, ma Rose.

LE BARON.

Chère Suzon, viens près de moi.

LA BARONNE, à Muguet.

En vérité, Monsieur, je n'ose...

(Muguet l'attire et l'enlace.)

SUZON, voyant ce qui se passe sous le berceau de droite, et se rapprochant subitement du baron pour imiter Muguet.)

Monsieur, vot' désir est un' loi.

MOUCHMANN, de même.

Marguerite, à ton tour, sois pas gruellé.

LA MARQUISE.

Monsieur, à bas les mains, ou bien j'appelle.

LE MARQUIS, de même.

Vois comme il bat, mon cœur, ma toute belle.

FANCHETTE, voyant Mouchmann qui attire la marquise vers lui, malgré sa résistance.

Avec vous on n' saurait être rebelle.

LES FEMMES, à part.

Ah! Messieurs, vous nous trahissez!
Nos devoirs par vous sont tracés.

MOUCHMANN, à la Marquise.

Sacrémein!.. un paiser!..

MUGUET, à la Baronne.

Rien qu' pour nous apaiser... Hein?..

LE BARON, à Suzon.

Friponne, embrasse-moi...

LE MARQUIS, à Fanchette.

Tou ne peux refouser... Hein?

LES FEMMES.

Ciel! un baiser!
Vraiment, c'est trop oser.

LA BARONNE et LA MARQUISE, prêtant l'oreille pour savoir ce qui se passe dans l'autre bosquet.

Je n'entends pas.

SUZON et FANCHETTE, de même.

Je ne vois pas.

ENSEMBLE, à part.

Que faire? hélas!

MUGUET, pressant la Baronne.

Rends-toi, ma Rose, à mes désirs.

LE MARQUIS, pressant Fanchette.

Goûte avec moi tous les plaisirs.

LES HOMMES.

Ayez pitié de nos soupirs.

(Le Baron embrasse Suzon, qui jette un cri.)

LA BARONNE et LA MARQUISE. Qu'entends-je?..

(Elles se laissent embrasser par Muguet et Mouchmann; le Marquis embrasse Fanchette.)

LES HOMMES. Victoire!..

ENSEMBLE.

LES HOMMES.

Eh! quoi! pas plus de résistance?
Loin de nos femmes, / maîtress's, par bonheur,
Ne craignant rien de leur vengeance,
Nous n'en gardons / r'trouv'rons pas moins leur cœur.
Demain, soyons bien amoureux:
Comme elles vont croire à nos feux!

LES FEMMES.

On nous délaisse, on nous offense;
Mais une femme, par bonheur,
A toute prête sa vengeance,
Qui rend le repos à son cœur.
Ne faut-il pas, aux amoureux,
S'ils font un trait, en rendre deux.

LA BARONNE et LA MARQUISE, cherchant à se dérober aux embrassemens de Muguet et de Mouchmann. Laissez-moi, Monsieur... laissez-moi.

LE MARQUIS, se levant vivement. Hein?.. qu'ai-je entendu là-bas... dans cette direction?.. (Il désigne le bosquet de droite.) Il m'a semblé reconnaître des voix...

LE BARON. Celles de nos femmes... Et vous aussi?.. Mais non... c'est impossible... Elles sont, en ce moment, enfermées dans leur appartement.

LE MARQUIS. Parlant de la pluie et du beau temps.

LE BARON. Bâillant, peut-être... à moins que ce diable de vicomte d'Aiguepierre...

LE MARQUIS. Ou ce malotru de colonel de Royal-Allemand...

LE BARON. C'est notre faute, aussi.

LE MARQUIS. Nous sommes de grands coquins. Eh! eh!..

SUZON, à Fanchette. Qu'est-ce qu'ils ont donc?.

LA BARONNE, à Muguet qui veut la retenir. Je vous dis, Monsieur, qu'il faut que je parte.

MUGUET. Encore quelques instans.

(En ce moment on entend dans le lointain la retraite.)

LA BARONNE. Pas une seconde; ce signal...

MOUCHMANN. C'est la retraite.

LE BARON. Il se fait tard; ce vicomte me trotte dans l'esprit. Rentrons, Marquis.

LE MARQUIS. Je ne demande pas mieux.

(Il prête toujours l'oreille.)

MUGUET, à la baronne. En ce cas, belle enfant, souffrez que je vous reconduise.

MOUCHMANN, à la marquise. Che feux être fotre chef de file.

LA BARONNE. Quoi! vous exigez...

MUGUET. Nous vous protègerons... car ces deux bras sont à votre service.

MOUCHMANN. Ces quatre pras, il foulait tire.

LA BARONNE, à la Marquise. Au fait, voici l'instant d'une vengeance complète.

LE BARON, au Marquis. Partons-nous?

SUZON. Quoi!.. sans nous faire vos adieux?

LE MARQUIS, à part. C'est singulier... les oreilles me cornent.

(Chaque femme s'empare du bras de son cavalier et se dispose à partir.)

SCENE XIII.

LES MÊMES, LE GUET, DANSEURS, PROMENEURS.

(La nuit vient; les danseurs traversent la scène; la retraite se rapproche; le chef du guet passe au fond avec sa patrouille.)

CHŒUR.

Air de la Retraite.

C'est la retraite, il faut partir;
Déjà le plaisir
Pour nous doit finir.
Quand vient la nuit, loin de Paris,
Chacun a peur d'être surpris.

(Après le chœur, les quatre couples se trouvent en présence et se reconnaissent.)

LE BARON ET LE MARQUIS. Ma femme!..

MUGUET et MOUCHMANN. Suzon, Fanchette.

LE MARQUIS. Encore ces gens de la petite espèce!

MUGUET. Encore ces deux vilains merles blancs.

LE MARQUIS. Il m'appelle un merle blanc.

LA MARQUISE et LA BARONNE, s'interposant. Messieurs...

MUGUET. Laissez, laissez, Mesdames.

LE BARON. Pas de bruit, insolens, ou je vous apprendrai...

MOUCHMANN. Silence, tomestique.

SUZON. Une querelle... courons prévenir le guet.

FANCHETTE. C'est ça, pour les faire arrêter.

(Elles sortent toutes deux.)

MUGUET. Savez-vous que vous nous fatiguez, à la fin... depuis une heure que vous rôdez autour de nous.

LE MARQUIS. Comment, rôder... le zardin il est à tout le monde on est libre de s'y promener.

MOUCHMANN. Mon bétite, fous m'insultez... fous imitez mon accent, fous brononcez comme moi pour vous moquer...

LE MARQUIS. Eh! laissez-moi, ze prononce comme ze peu.

MUGUET. C'est donc à dire qu'on pourra dévisager nos femmes à notre nez et à notre barbe.

LE BARON. Leurs femmes!

MUGUET. Sans doute, nos femmes!.. car enfin, Madame m'a accordé...

LE BARON. Quoi donc?

LE MARQUIS. Quoi donc?.. quoi donc?..

MUGUET. Ce qu'on ne t'accordera pas à toi, vieux grigou.

LE MARQUIS. Il m'insulte!.. ze souis fourieux. vous êtes doux paltoquets.

MUGUET. Paltoquet toi-même! Ce mot là demande réparation (Il lui allonge un coup de pied.) et je répare.

LE MARQUIS, stupéfait. Ah! si le roi de Naples me voyait...

MUGUET, se mettant en position. Maintenant, si vous n'êtes pas contens, mes fifis, vous n'avez qu'à parler. J'en suis... deux contre deux.

LA BARONNE et LA MARQUISE. Arrêtez!.. mais personne ne viendra donc?.. Au secours!.. au secours!..

LE BARON. Pas de scandale, Mesdames.

MOUCHMANN. Moi che tuerai le fieux pour lui abbrendre à imiter mon brononciation.

ENSEMBLE.

Air nouveau de Doche.

LE BARON, LE MARQUIS, MUGUET, MOUCHMANN.

Maudit galant,
sergent,
Fureur extrême,
A l'instant même
Mon bras, vraiment
Doit châtier cet insolent.

LA BARONNE, LA MARQUISE, PROMENEURS.

Quel accident!
Frayeur extrême...
A l'instant même
Le guet, vraiment,
Va châtier tout insolent.

SCENE XIV.

LES MÊMES, SUZON, FANCHETTE, LE CHEF DU GUET, SOLDATS.

SUZON et FANCHETTE, accourant. Voici le guet.

TOUS. Le guet.

LE BARON. Cela devient sérieux.

MUGUET, cherchant à s'échapper. Bigre!..

LE CHEF DU GUET, le ramenant. Que personne ne sorte de céans... Voyons, de quoi s'agit-il?..

LE MARQUIS, montrant Mouchmann. Le souisse a voulu m'assassiner.

LE CHEF DU GUET. Suisse, ce procédé n'est pas national!.. Et la cause première du vacarme?

SUZON, montrant la baronne et la marquise. En voilà deux!

LA BARONNE. Nous?..

LA MARQUISE. Nous sommes perdues !..

LA BARONNE, bas, et glissant sa bourse entre les mains du chef du guet. Nous sommes innocentes.

LE CHEF DU GUET, la regardant avec étonnement. Ah !.. c'est une grande dame.

MUGUET. Les auteurs de tout ce vacarme... ce sont ces messieurs, ce grand-là et l'autre là-bas... le plus laid.

LE CHEF DU GUET. Qu'on les arrête tous.

LE BARON. Un instant, quand vous saurez qui nous sommes... (Bas.) On me nomme le baron de Néry.

LA BARONNE, bas, au chef. Ne le croyez pas.

LE CHEF DU GUET, riant. Ah ! le farceur, ne voudrait-il pas faire accroire qu'il est baron.

TOUS, riant. Ah ! ah ! ah !

LE MARQUIS. Et moi, ze souis le marquis de Ravioli, attasé à la garde-robe.

MUGUET. Un marquis... ça doit être un conte.

TOUS, riant. Ah ! ah ! ah ! ce marquis.

LE MARQUIS, montrant sa femme. Mais ze vous dis que madame est...

LE BARON, l'arrêtant. Taisez-vous. (A Mme de Néry.) Voyons, Madame, il est temps de parler.

LA BARONNE. Monsieur, je n'ai rien à dire ; c'est à vous-même à vous relever de votre incognito.

LE BARON. Ainsi, vous refusez de nous reconnaître; c'est bien, je n'insisterai pas; rendez grâce au nom que je porte, et dont l'honneur m'est assez cher pour m'empêcher de dévoiler publiquement la honte de votre conduite.

LA BARONNE. La honte est pour les grands seigneurs qui n'ont pas craint de venir les premiers se commettre en un lieu pareil.

LE CHEF DU GUET. Allons, allons, assez causé... au corps-de-garde.

LE MARQUIS. Au corps-de-garde !.. des zens comme nous !

LE BARON. Calmez-vous, Marquis, nous n'y resterons pas longtemps.

LA BARONNE, au moment où les soldats vont entraîner aussi Muguet et Mouchmann. Ces deux hommes sont de notre société.

LE CHEF DU GUET. C'est différent... (A Muguet et à Mouchmann.) Vous êtes libres, vous autres, allez-vous-en.

TOUS. Libres !

MUGUET. Suisse, offre ton bras à la beauté.

LE MARQUIS. Libres !.. eux !.. ces cuquins... ze veux parler au lieutenant de poulice.

MUGUET, à Mouchmann. Dis-donc, suisse, en voilà une de nuit qui se prépare pour nous.

MOUCHMANN, frisant sa moustache. Sacremein !

REPRISE DU CHOEUR.

C'est la retraite, il faut partir, etc.

(Le guet entraîne le baron et le marquis, tandis que Muguet et Mouchmann partent mystérieusement avec la baronne et la marquise.)

FIN DU PREMIER ACTE.

ACTE II.

Un salon de l'hôtel de Néry.

SCÈNE I.

LA BARONNE, LA MARQUISE, toutes les deux devant une toilette, achevant de s'arranger ; MARIN, dans le fond.

LA BARONNE. Eh bien ! ma chère amie, voici votre toilette terminée ; vous aviez hâte, comme moi, de quitter ce costume d'emprunt.

LA MARQUISE. Que jamais nous n'aurions dû prendre.... Quelle nuit, bon Dieu ! quelle nuit !.. Égarées toutes deux dans ce maudit Paris, et abandonnées à la merci d'un soldat grossier et d'un homme du peuple.

LA BARONNE. Par bonheur, nous en sommes quittes... A propos, Marin, a-t-on bien exécuté mes ordres, relativement à ces deux hommes sous la conduite desquels nous sommes rentrées à l'hôtel ?

MARIN, s'avançant. Oui, Madame la baronne ; ils ont passé la nuit à boire et à manger... mais là... copieusement.

LA BARONNE. Et, surtout, on a eu bien soin de ne rien répondre à toutes les questions qu'ils ont pu adresser sur le compte des deux dames qu'ils ont ramenées ?

MARIN. Rien, absolument rien, Madame la baronne.

LA BARONNE. C'est bien. (A mi-voix, à la marquise.) De cette façon, ils s'en iront en continuant de croire qu'ils ont fait tourner la tête de Rose, la femme de chambre, et de Marguerite, la cuisinière ; et lors même qu'ils nous rencontreraient par la suite, ils n'oseraient s'aviser de retrouver leur conquêtes sous les traits de la marquise de Ravioli et de la baronne de Néry. (Plus haut.) Allez maintenant, Marin, et reconduisez-les.

MARIN. Je pense qu'ils doivent être partis. Il y a une demi-heure, déjà, nous les avions invités à s'en aller, mais ils ont fait résistance, en disant qu'ils ne voulaient pas se séparer ainsi de Rose et de Marguerite ; alors, aidé d'un de mes camarades, je les ai enfermés dans l'office pour aller chercher main forte auprès de vos gens... A notre retour, plus personne, et nous allions nous mettre en mesure de les retrouver, lorsque le concierge de l'hôtel est venu nous annoncer qu'il leur avait ouvert la porte, et qu'il était sûr de les avoir vus partir.

LA BARONNE, à la marquise. Cette explication me rassure complètement. (A Marin.) Allez, et dites à Thérèse de se tenir prête à servir Mme la marquise. (Marin sort.) Vous prendrez un peu de repos avant de quitter l'hôtel, n'est-ce pas, ma chère amie?

LA MARQUISE. Mais mon mari ne va-t-il pas revenir avec le vôtre?

LA BARONNE. Sans doute, car je pense qu'avant même d'être entrés en prison, ils seront parvenus à se faire reconnaître, et à obtenir immédiatement leur mise en liberté. J'avoue, d'ailleurs, que je ne leur tiens pas rancune, et je consens volontiers à ce que le châtiment ne soit pas poussé plus loin... pourvu, toutefois, qu'ils promettent bien de ne plus recommencer à l'avenir.

LA MARQUISE. Mais savez-vous qu'ils ont droit de nous adresser, à leur tour, des reproches? Car, enfin, notre laisser aller avec ces deux hommes...

LA BARONNE. Des manans!.. Ce serait nous faire une injure trop grossière que de supposer... Des grandes dames, allons donc!.. Tout nous est permis avec les hommes du peuple, hors une seule licence: celle de les aimer.

Air de la Reine des fleurs.

Chacun nous observe;
Gare à notre amour!
Le sort le réserve
Aux gens de la cour.

Mais quelle faiblesse!
Bourgeois ou seigneur,
La seule noblesse
Est celle du cœur.
Chacun, etc.

LA MARQUISE. En attendant que ces Messieurs reviennent, je vais, si vous le permettez, passer dans l'appartement que vous m'avez destiné, et m'y reposer un moment.

LA BARONNE. A votre aise, ma toute belle! (Elle sonne.) Usez de tout ici, sans la moindre cérémonie, et souvenez-vous que pour compléter la punition de votre mari, je ne vous rends à lui que demain... Quoi qu'il dise, je le renverrai seul à son hôtel.

(Elle sonne de nouveau.)

LA MARQUISE, riant. Oh! je n'ai garde de me plaindre de ce veuvage momentané.

LA BARONNE. Mais j'ai beau sonner, personne ne vient... que signifie?.. (Elle sonne toujours.) Maudites gens!.. Allons, j'aurai plutôt fait de vous montrer le chemin.

LA MARQUISE. Oh! par exemple...

LA BARONNE. Ne suis-je pas chez moi?

ENSEMBLE.

Air de la Fille du Danube.

Dans cette maison, chère amie,
Agissez, croyez-moi, sans cérémonie;
Il faut donc en agir
Et sans crainte pour nos époux,
Opposons un front calme à leurs cris jaloux...

(Elles s'éloignent à gauche, par le fond.)

SCÈNE II.

MUGUET, MOUCHMANN.

(A peine sont-elles sortie, que l'on voit Muguet et Mouchmann entrer furtivement en scène, par la première porte à droite.)

MUGUET. Chut! pas de bruit, Suisse; tiens ton haleine en respect... avec ça que tu as une respiration, qu'on dirait un soufflet de forge.

MOUCHMANN. Che resbire blus.

MUGUET. Je crois que nous y sommes... Un salon... l'intérieur des appartements... ce doit être de ce côté... Ah! mes princesses, vous nous mettez en dépense; vous acceptez du liquide, des goujons et des égards; vous vous faites ramener dans le domicile de vos maîtres; et ensuite, vous avez la chose de vouloir nous faire flanquer à la belle étoile... Merci, quel procédé mesquin!.. Mais nous, malins, nous avons joué un tour au concierge, et pendant qu'à moitié endormi, il croyait nous mettre à la porte, nous avons fait demi-tour à droite, et nous l'avons mis dedans... ainsi que nous, qui ne sortirons d'ici qu'après avoir ratrapé nos donzelles.

MOUCHMANN, qui pendant ce temps a pris un flacon sur la toilette, et en a bu le contenu. Ah! sacremein!.. ah! meingott!..

MUGUET. Vas-tu te taire, malheureux!.. Qu'est-ce qu'il te prend?

MOUCHMANN. Chafais soif, et j'afais pu cé bétite flagon... Ah! gott, gott!.. ché bensais être té la liqueur.

MUGUET. De la liqueur, ça! (Lisant l'étiquette du flacon.) Élixir de Vénus, pour enlever les boutons...

MOUCHMANN. Chen avre plein le gorge... Ah! sacrémein!..

MUGUET. Silence donc, malheureux! (On entend des éclats de voix.) Entends-tu?.. ce sont elles, peut être?..

LE BARON, à la cantonnade. Taisez-vous, mauvais drôles; et dépêchez-vous de nous habiller.

MUGUET. Ce n'est pas Rose, elle n'a pas cet organe enchanteur... On vient, cachons nous.

MOUCHMANN. Oui, gachons-nous... c'hai pien mal au gœur.

MUGUET. Veux-tu bien... Allons, suis-moi; nous reviendrons quand il en sera temps.

(Ils disparaissent par la première porte à gauche.)

SCÈNE III.

LA BARONNE, sortant de la chambre de la marquise.

Il me semble que j'ai entendu du bruit de ce côté... Ah! sans doute ces messieurs qui rentrent... (Allant regarder au fond, à droite.) Justement, ce sont eux... Allons, apprêtons-nous à les bien recevoir.

SCENE IV.

LA BARONNE, LE BARON, LE MARQUIS, exaspérés.

LE MARQUIS, LE BARON.

Air de Mlle Clairon.

Oui, c'est une infamie!
Nous livrer sans façon
Au guet qui nous renie,
Et nous mène en prison.

LE MARQUIS. C'est affreux!.. abominable!.. ze souis d'oune colère!.. (Voyant la baronne.) Ah! vous voilà, Madame. Dites-moi, ze vous prie, où est la marquise... Z'ai à loui parler.

LA BARONNE. Elle est ici, mais demeurez. Dans un instant, Monsieur, on vous conduira près d'elle; vous me paraissez tellement agité que je vous prie de vous reposer quelques momens.

LE MARQUIS. Z'y consens; ma nous verrons dans oun iustant.

LA BARONNE, au baron. Et vous, Monsieur, ne prendrez-vous pas aussi un siége?

LE BARON. Trève de persiflage, Madame, c'est peu généreux... D'ailleurs, vous avez pris, je pense, une vengeance très suffisante.

LA BARONNE. Suffisante... peut-être, Monsieur.

LE MARQUIS. Nous faire arrêter par le guet... c'est oun infamie.

LA BARONNE. C'est la suite ordinaire des parties de plaisir d'un certain genre.

LE MARQUIS. Nous faire passer la nuit au corps-de-garde, nous, des seigneurs importans, des zens si connous.

LA BARONNE. Connus?.. Si vous l'aviez été davantage, votre séjour en prison eût sans doute été moins long.

LE BARON, avec ironie. Au surplus, vous avez dû peu regretter notre absence; vous aviez, pour en adoucir les rigueurs, des cavaliers d'un genre si distingué...

Air du Billet au porteur.

Fort plaisante était, je l'atteste,
Leur façon de faire la cour.

LA BARONNE.

Le cœur l'emporte sur le reste.

LE MARQUIS.

Les comparer, en fait d'amour,
A nous qui sommes faits au tour!..

LA BARONNE.

Ne raillez pas tant leur tournure;
Oui, parmi ces adorateurs,
Plus d'un pourrait servir, je jure,
De modèle à nos grands seigneurs.

LE BARON. Que voulez-vous dire?..

LA BARONNE. Je veux dire qu'à coup sûr nos cavaliers avaient un air plus distingué que les demoiselles que vous avez traitées si galamment.

LE BARON. Caprice de noble pour une fille du peuple; c'est permis, c'est même de bon goût.

LE MARQUIS. C'est zouste.

LE BARON. Mais une baronne, une marquise, se compromettre avec un provincial et un soudard!

LA BARONNE, à part. Ah! vous prétendez nous humilier... (Haut.) Et qui vous dit que ces Messieurs ne pouvaient pas être autre chose que des provinciaux... des soudards...

LE BARON. Voudriez-vous nous faire accroire, par hasard, que ces Messieurs étaient des grands seigneurs.

LA BARONNE. Vous seriez peut-être plus près de la vérité que vous ne l'imaginez.

LE BARON. Allons donc, quelle apparence que des gens nobles aient été se travestir sous de pareils vêtemens.

LE MARQUIS. Pouissamment raisonné.

LA BARONNE. Pourquoi donc alors, vous, Messieurs, vous, des seigneurs, portiez-vous encore ces déguisemens en entrant à l'hôtel.

LE MARQUIS. Ah! diavolo...

LA BARONNE. Ce que vous avez fait, d'autres l'ont pu faire.

LE BARON. Que dites-vous, Madame?.. Eh quoi!.. ce serait... ce petit vicomte d'Aiguepierre, peut-être.

LA BARONNE. Je ne nomme personne.

LE MARQUIS. Ah! maledetto, c'était mon colonel de Royal-Allemand.

LA BARONNE. Qui sait?..

LE BARON. Non, vous cherchez à nous donner le change.

LA BARONNE. Il est vrai que tout occupés des attraits de vos conquêtes d'hier au soir, vous n'avez pu supposer que des gens de qualité daignassent nous trouver jolies.

LE BARON, à part. Serait-il vrai! (Haut.) Quoi qu'il en soit, Madame, jusqu'à preuve contraire, je repousse toutes ces insinuations, et je maintiens que votre conduite est inqualifiable.

LA BARONNE. Elle est la conséquence de la vôtre: aux femmes comme aux généraux, les représailles sont permises.

LE BARON. Des représailles... vous verrez bientôt ce que je pense des vôtres... En attendant, Madame, je vous préviens que je vais employer tous mes soins à rejoindre vos deux compagnons d'hier. Si ce sont des manans, je leur prouverai qu'il est parfois dangereux de servir la vengeance des dames de haut parage; et si ce sont des nobles, comme vous voudriez nous le faire accroire, ils me rendront raison de l'outrage que j'ai reçu.

LE MARQUIS. Oui, ils nous... ils vous rendront raison... Ce ser ami, comme il a dou cœur!

LA BARONNE. Quoi! Monsieur, vous voudriez...

LE BARON. Il suffit, Madame; je sais ce qui me reste à faire... Veuillez prendre la peine de rentrer dans votre appartement.

LA BARONNE, à part. Il est furieux... bravo! la leçon opère.

ENSEMBLE.

Air des Farfadets.

LE BARON et LE MARQUIS.

Que faire, hélas!
Et quel embarras!
Est-ce vraiment
Un déguisement?
Sur ce mystère,
Ah! c'est trop se taire;
C'est une horreur,
Mais sur eux, malheur!

LA BARONNE, à part.

Je plains, hélas!
Leur triste embarras;
C'est seulement
Un peu de tourment;
Mais ce mystère
Était nécessaire;
Et leur fureur
Ne me fait pas peur.

(La baronne sort à droite.)

SCÈNE V.

LE BARON; LE MARQUIS, stupéfait et le regardant sans parler; MUGUET.

MUGUET, montrant sa tête. Que diable disaient-ils donc là, je n'ai rien pu entendre. (On entend ronfler.) Satané suisse, comme il ronfle!... il a trouvé un lit dans ce cabinet noir, et il s'en est emparé sans façon. (Apercevant le marquis.) Encore quelqu'un!

(Il rentre.)

LE BARON, rompant le silence. Eh bien! Marquis.

LE MARQUIS. Eh bien! Baron.

LE BARON. Qu'en pensez-vous?

LE MARQUIS. Ah! si le roi de Naples nous voyait...

LE BARON. Je m'y perds... Est-ce une réalité, est-ce une raillerie? Au milieu de toute sa colère, la baronne avait un petit air de bienveillance malicieuse dont je ne puis comprendre le motif... Foi de gentilhomme, je ne sais à quoi m'en tenir.

LE MARQUIS, s'approchant avec mystère du baron. Ser ami, s'il faut que ze vous le dise, je partaze votre opinion.

LE BARON. Quoi! vous supposez...

LE MARQUIS. Ze ne suppose pas... ze souis convaincu... ce colonel allemand dont ze vous parlais hier soir.

LE BARON. Eh bien?

LE MARQUIS. C'était loui.

LE BARON. Vous l'avez reconnu?

LE MARQUIS. Zertainement... Ze ne l'ai jamais vou.

LE BARON. C'est comme moi; je soupçonne ce petit vicomte d'Aiguepierre... Mais, non, c'est impossible.

LE MARQUIS. Allons donc, puisque ze vous le dis... D'ailleurs, de doux soses l'oune: ou nos femmes, elles ont des intrigues, ou bien elles ont voulu nous donner oune leçon... Si c'est oune intrigue d'amour...

LE BARON. Marquis, vous osez soupçonner ma femme?

LE MARQUIS. Ze ne soupçonne pas, mon ser. Allons, que diable, ne vous fassez pas; ze dis soulement, si c'est oune intrigue, elles sont trop élevées de sentimens pour avoir soisi si bas l'obzet de leurs affections... Ze connais la marquise de Ravioli, mon épouse... Elle me tromperait plutôt avec vingt seigneurs qu'avec un bourgeois, tant elle a de bon goût... Au contraire, si c'est oune leçon, comment penser qu'elles aient confié leurs prozets à de vils manans.

LE BARON. Il a, ma foi, raison... Voyons, puisqu'il en est ainsi, venez, suivez-moi, et, sans hésiter davantage, éclaircissons tous nos doutes à cet égard.

LE MARQUIS. Bravo, mon ser, ze vous souis... ma, comment nous y prendre?

LE BARON. Il faut nous rendre d'abord à l'hôtel du vicomte d'Aiguepierre et chez le colonel de Royal-Allemand, afin de savoir où ils ont passé la soirée; faire venir ces petites filles du Vert-Galant, les questionner, les menacer... enfin, que sais-je?.. Il faut apprendre la vérité, n'importe par quel moyen... Je trouverai en chemin... Venez toujours.

LE MARQUIS. Ze vous souis, je vous souis à la minute... Ma, ze voudrais d'abord sapitrer la marquise de Ravioli. (Il se dirige du côté de la chambre où est Muguet, et s'arrête en entendant ronfler.) Elle dort... zé la verrai plous tard.

ENSEMBLE.

Air de la Juive.

Taisons-nous;
Se venger est si doux!
Je le sens, la fureur
S'empare de mon cœur.

SCÈNE VI.

LA BARONNE, MUGUET.

LA BARONNE, paraissant à droite. Ils sont partis, allons bien vite tout raconter à la marquise.

MUGUET, se montrant de nouveau à gauche. Cette fois-ci, plus personne... Il faut absolument que je retrouve ma Rose d'amour.

(Muguet et la baronne se rencontrent au milieu du théâtre.)

LA BARONNE. Grand Dieu! un homme ici!.. Vous, Monsieur?

MUGUET. C'est elle!

LA BARONNE. Comment se fait-il?.. Sortez, Monsieur, ou j'appelle.

MUGUET. Pas de bruit... pas de bruit... (Regardant le costume élégant de la baronne.) Mais, que vois-je?.. ai-je la berlue?.. Madame... Mlle Rose!..

LA BARONNE. Je vous trouve bien audacieux de vous introduire ainsi chez moi.

MUGUET. Chez moi!.. Je suis chez elle!

LA BARONNE. Sortez, Monsieur, si vous ne voulez pas que je vous fasse jeter dehors.

MUGUET. Me faire jeter dehors?

LA BARONNE. Par mon Suisse.

MUGUET. Ton Suisse?.. Minute. Mouchmann n'est pas à toi... C'est mon ami, c'est mon Suisse, à moi... ah! mais, un instant, chacun son Suisse.

LA BARONNE. Encore une fois, sortez.

MUGUET. Jamais!.. Ah ça! parce que vous êtes déguisée, ma belle, parce que vous avez des fanferluches, vous oubliez les amis, vous refusez de me reconnaître, moi, Fortuné Bonaventure Muguet, parfumeur à la *Cloche d'or*, votre vainqueur d'hier soir au Vert-Galant?

LA BARONNE. Je ne sais ce que vous voulez dire, Monsieur.

MUGUET. Allons donc... Voyons, Rose, avoue-moi la vérité, sois gentille comme hier. Tiens, conviens tout bonnement que tu as du quibus, que tu es une cuisinière en gros, retirée du commerce, et que je t'ai donné dans l'œil... Tu es riche... je ne suis pas fier... Ah bah! je t'accorde ma main.

LA BARONNE. Cessez ce ton familier, Monsieur, et écoutez-moi. Je ne veux pas entretenir dans votre esprit une erreur que j'y ai fait naître, et que, jusqu'à un certain point, je dois donc excuser.

MUGUET. Comprends pas!.. C'est égal, va, ma Rose, poursuis le dialogue.

LA BARONNE. Vous devez voir à qui vous avez affaire; et, quant à ce qui s'est passé entre nous, qu'il vous suffise d'apprendre qu'on vous avait choisi pour servir un projet dont le but est honorable.

MUGUET. Comprends pas toujours... N'importe.

LA BARONNE. Ce projet a réussi complètement. Veuillez donc recevoir mes remercîmens et vous retirer, car une plus longue résistance de votre part me mettrait dans la nécessité d'appeler mes gens.

MUGUET. Comprends encore bien moins... Ses gens?.. Ah ça! vous avez des gens?.. Vous, toi?.. Allons donc... Ah! bien, elle est bonne, la mystification... Farceuse de Rose, va!.. Parce que tes maîtres sont à la campagne ou autre part, et que, toi, tu es seul pour un moment dans le local, tu te crois une reine, une princesse, une odalisque. Eh bien! tu pousses loin l'illusion, ma chère; tu en as, de la perspective dans l'imagination!.. C'est trop de façons; je veux reprendre la conversation où je l'ai laissée hier soir... Faut que je t'embrasse.

LA BARONNE. Mais je vous dis encore une fois...

MUGUET. Et, moi, je te dis que je ne sortirai pas, et, de plus, que je t'embrasserai.

(La baronne est poursuivie par Muguet, qui l'atteint et l'embrasse. Tout-à-coup, la porte s'ouvre, le Marquis et le Baron paraissent sur le seuil.)

SCÈNE VII.

MUGUET, LA BARONNE, LE MARQUIS, LE BARON.

LE MARQUIS. Que vois-ze?

MUGUET. On est toujours dérangé ici.

LA BARONNE. Mon mari! (Allant à lui.) Sachez, Monsieur...

LE BARON. Quelle audace, Madame! Je ne veux rien entendre.

LA BARONNE. Mais, Monsieur...

LE BARON. Je ne veux rien entendre, vous dis-je! Laissez-moi seul avec cet homme.

Air des Bains à quatre sous.

LE BARON et LE MARQUIS.

Nous sommes enfin en présence,
Et le ciel sert notre courroux;
Il faut, pour laver notre offense,
Qu'ils tombent tous deux sous nos coups.

LA BARONNE.

Ils sont donc enfin en présence,
Et le ciel sert notre courroux;
Chacun, pour laver notre offense,
Expiera ses soupçons jaloux.

MUGUET.

Les malotrus, par leur présence,
Raniment ici mon courroux,
Et, pour châtier leur offense,
Tous deux vont mourir sous mes coups.

LE MARQUIS, pendant que le baron reconduit sa femme et ferme les portes. Grand Diou! oune idée: si le Souisse il était avec mon épouse... (Il ouvre la porte du cabinet où est Mouchmann.) Quelle obscurité!.. Ze respire... Elle est seule... elle dort encore... Attendons son réveil.

(Il entre dans le cabinet.)

SCÈNE VIII.

LE BARON, MUGUET.

MUGUET. Ah ça! qu'est-ce qui va se passer? (Regardant le Baron.) Encore un que je remets parfaitement, quoiqu'il ait pris les habits de son maître... Ah! je devine, il m'aura vu avec la petite; c'est une attrape qu'il veut me faire. (Le poussant en riant.) Farceur, va.

LE BARON, le prenant brusquement par le bras. Nous sommes seuls, Monsieur.

MUGUET. Allons, allons, camarade, ne me regardez donc pas ainsi, puisque je vous reconnais.

LE BARON. Monsieur, si vous savez qui je suis...

MUGUET. Ne faut-il pas peser ses mots pour un laquais d'hasard?

LE BARON. Encore une fois, Monsieur, ne vous donnez pas tant de peine pour dissimuler avec moi. Vous sentez bien que ce déguisement, ce langage, ne peuvent plus m'en imposer... Les renseignemens que je viens de prendre moi-même, à votre hôtel, ont éclairci tous mes doutes... Monsieur, nous ne sommes plus au Vert-Galant. Cette maison est la mienne.

MUGUET. Comment! et lui aussi... Il dit comme Rose... ça fait pitié... ils auraient dû s'entendre...

LE BARON. Je vous le répète, je suis réellement le maître de cet hôtel.

MUGUET. Ah! ah! ah! ce grand seigneur qui va danser au Vert-Galant!

LE BARON. Vous y étiez bien, vous, Monsieur. Au reste, c'est à ce sujet que je voulais avoir avec vous une explication.

MUGUET. Ah ça! dites donc, vous commencez diantrement à m'en...nuyer!

LE BARON. Qu'est-ce à dire?

MUGUET. Au fait, moi aussi. Je suis bien aise d'en avoir une avec vous, d'explicati n... car, enfin, vous m'avez soufflé ma particulière... la petite Suzon.

LE BARON. Quelle ridicule raillerie... Suzon, votre maîtresse!

MUGUET. Eh! mon cher, ne maltraitez pas mon objet... Suzon en vaut bien d'autres... Elle vaut même mieux que Rose, qui sort d'ici.

LE BARON. Rose!.. (A part.) Je comprends, c'est ma femme! (Haut.) Ah! vous mettez le comble à l'outrage; oser comparer ma...

MUGUET. Comment, comparer!.. je ne compare pas... Je préfère infiniment Suzon à l'autre pour l'agrément de la chose... Après ça, faut avouer que Rose a les mains bien blanches, bien douces...

LE BARON. Monsieur!

MUGUET. La taille bien fine, bien rondelette!

LE BARON. Monsieur!..

MUGUET. Sa joue est d'une fraîcheur, d'un... un velours, quoi!

LE BARON. Assez, morbleu!

MUGUET. Assez... assez quoi?.. Vous n'y êtes pas, mon brave homme! vous n'y êtes pas du tout; j'en ai bien plus long que ça à vous dire sur le compte de Rose.

LE BARON. Et moi, j'ai à vous dire que vous n'ignorez pas que Rose, puisque vous l'appelez ainsi, n'est pas libre de disposer de sa personne.

MUGUET. Hein? vous dites?..

LE BARON. J'ai à vous dire que Rose est la maîtresse de cette maison, que je suis son époux, que je m'appelle le baron de Néry, et que vous êtes un insolent!

MUGUET. Le baron de Néry, vous! Comment, Rose serait baronne!.. Allons donc! elle n'a pu se mésallier à ce point!

LE BARON. Eh bien! comprenez-vous enfin ce que j'attends de vous?

MUGUET. Si je comprends... Ma foi, non!

LE BARON. Ah! vous ne comprenez pas.... (Avec solennité.) Vicomte...

MUGUET, regardant derrière lui. Vicomte!

LE BARON. C'est à vous que je parle.

MUGUET. A moi?.. Allons, me voilà vicomte, à présent!

LE BARON. Vous m'avez offensé dans ce qu'un gentilhomme a de plus cher au monde... dans son honneur. Vous m'en rendrez raison!

MUGUET. Raison?.. comment ça?

LE BARON. Sur-le-champ! dans les jardins de l'hôtel; à l'épée, au pistolet, ce sont les armes du gentilhomme, elles doivent être les vôtres.

MUGUET. A l'épée, au pistolet! plus que ça d'arsenal!.. Minute, pas de bêtises!

LE BARON. Je cours chercher les armes! attendez-moi, vicomte, attendez-moi!

MUGUET. Vicomte! vicomte!.. Eh! je ne suis pas plus vicomte que vous... et peut-être moins... Je m'appelle Fortuné Bonaventure Muguet, garçon parfumeur, à la *Cloche d'or*.

LE BARON. Il suffit; persistez à garder le silence sur votre véritable nom... peu m'importe! Je vous tiens! et cette fois, vous ne m'échapperez pas!

MUGUET. Mais c'est une horreur! c'est un guet-à-pens!

LE BARON. Taisez-vous, Monsieur! ne vous déshonorez pas davantage... C'est un duel à mort!

MUGUET. Un duel à mort! jamais de ma vie! Peste! comme il y va!

LE BARON. A bientôt!

MUGUET. Ne vous gênez pas... faites comme chez vous!

LE BARON, outré. Comme chez moi!..

Air du Serment.

Cette aisance,
Cette arrogance,
Au fond du cœur
Augmentent ma fureur.
Mais je pense
Tirer vengeance
De l'offense
Faite à mon honneur.

ENSEMBLE.

LE BARON.

Cette aisance, etc.

MUGUET.

Son aisance,
Son assurance,
Au fond du cœur
Augmentent ma frayeur.
C'est qu'il pense
Tirer vengeance
De l'offense;
Pour moi, quel malheur!

(Le baron sort.)

SCÈNE IX.

MUGUET, seul.

Que je l'attende, merci!.. et pour un duel à mort, par exemple!.. Le plus prudent est de filer... mais par où?.. Par là?.. Rose, la perfide Rose me livrerait pieds et poings liés... L'antichambre?.. les domestiques y sont, et ils ont le mot d'ordre... Ah! j'y pense! la chambre du Suisse... c'est ça, allons!.. (Il se dirige vers la chambre de Mouchmann au moment où le marquis en sort.) Quelqu'un!.. Je suis bloqué! ah! là!..

(Il se cache derrière la toilette.)

SCÈNE X.

MUGUET, LE MARQUIS, MOUCHMANN.

(Le marquis entre en tenant par la main Mouchmann, qui est coiffé d'un bonnet de femme et qui a une camisole par-dessus ses habits.)

LE MARQUIS. Allons, Madame, allons, pas tant de résistance... Venez, ze veux vous confondre... Regardez-moi en face.

MOUCHMANN, le regardant en bâillant. Ah! ah!

LE MARQUIS, reculant de surprise. Le Souisse! c'est-à-dire, le coulonel... Ze l'ai pris pour Mme de Ravioli! et, dans mon erreur, pendant son sommeil, ze loui ai donné oun baiser... pouah!

MUGUET. Qu'entends-je?.. Il a embrassé mon Suisse!

LE MARQUIS. Ah! si le roi de Naples...

MOUCHMANN, bâillant. Sacremein! che tormais pien!

LE MARQUIS, d'un air sombre. Ze pourrai du moins assouvir ma venzeance!.. Je sais qui vous êtes!

MOUCHMANN. C'hen suis pien gontent! Ponjour!

(Il veut s'en aller.)

LE MARQUIS, l'arrêtant. Oun moment! vous étiez hier avec la marquise! et si vous ne me rendez pas raison à l'instant même...

MOUCHMANN. Allez au tiaple!

MUGUET. Ah! quelle idée!.. (S'avançant.) Un instant!

LE MARQUIS. A l'autre, à présent! Le Vicomte!

MUGUET. Ils se sont donné le mot!.. Mais, vicomte ou non, vous avez insulté mon ami.

LE MARQUIS. C'est-à-dire que c'est moi qui...

MUGUET. Silence! ça ne peut pas se passer comme ça... sortons! Nous nous expliquerons sur le terrain!.. Ici, nous sommes gênés... Je suis extrêmement gêné, ici.

MOUCHMANN. Betite Muguet, tu feux donc que che me patte?

MUGUET. Aurais-tu peur, lâche?

MOUCHMANN. Moi, un lâche? (Au marquis.) Il tit que che suis un lâche... Fenez!

LE MARQUIS. Eh! par Dieu! zé vous attends depouis oune heure!

MUGUET. C'est ça, allons-nous-en! Marquis montrez-nous le chemin!

(Ils vont pour sortir.)

SCÈNE XI.

LES MÊMES, LE BARON, portant des épées et d[...] pistolets.

LE BARON, à Muguet, qu'il retient. Que faite[s]-vous? (Apercevant Mouchmann.) Ah! le colon[el] avec le marquis. Dieu soit loué! Marquis, chacun son adversaire!

LE MARQUIS, à Mouchmann. Coulonel, ze ve[ux] vous pourfendre!

MUGUET, à part. Pas moyen d'échapper! (Haut.) Au fait, vous voulez vous battre... e[h] bien! en garde!

(Il saisit les pistolets et se place devant le baron, q[ui] n'a plus qu'une épée.)

LE BARON. Vicomte! les armes ne sont pa[s] égales!

MUGUET. Vous préférez l'épée? (Prenant u[ne] épée et donnant les pistolets au marquis.) Ça m'e[st] égal! à vingt-cinq pas... Y êtes-vous?

ENSEMBLE.

AIR : Anathème.

C'en est fait, la colère
M'enflamme, m'exaspère;
Mais le bon droit, j'espère,
Va diriger mon bras.
Que le sort s'accomplisse!
Oui, du ciel la justice,
De lui, de son complice,
Assure le trépas!

(Muguet tourne autour du théâtre, pour ne pas s[e] laisser approcher par le baron; le marquis e[t] Mouchmann s'observent aussi de loin.)

SCÈNE XII.

LES MÊMES, LA BARONNE, LA MARQUISE paraissant à droite et à gauche; SUZON, FAN[-]CHETTE, accourant par le fond.

SUZON et FANCHETTE. Arrêtez!.. arrêtez!..

SUZON, se jetant au devant du baron. Grâce, M[.] le baron.

(Fanchette se jette aussi au devant du Marquis.)

LE BARON. Suzon!

LE MARQUIS. Fanchette!

(La baronne et la marquise restent au fond e[t] observent.)

MUGUET. Elles ont bien fait d'arriver, ça fai[-]sait deux hommes morts.

SUZON. Épargnez nos prétendus.

FANCHETTE. Nos amoureux.

LE BARON. Qui ça?.. le vicomte.

SUZON. Lui, un vicomte... c'est Muguet.

MUGUET. Fortuné Bonaventure, parfumeur à la *Cloche d'Or*. (Tirant des pots de pommade de sa poche.) En usez-vous... v'là du jasmin, vl'a de la violette... v'la du chèvrefeuille... Sentez, sentez, c'en est.

LE MARQUIS. Ma, le coulonel ?

FANCHETTE. Le colonel... c'est un sergent aux gardes suisses de Sa Majesté.

LE MARQUIS, à Mouchmann. Vous n'êtes pas un coulonel.

MOUCHMANN. Goulonel, ce n'est pas l'enfie qui me manque.

LE BARON. Est-il possible?.. Quoi ! nous avons pu croire... Mais alors, drôles, vous méritez que le bâton fasse justice...

MUGUET. Du bâton pour moi, quand mon épée a frôlé la vôtre... fi donc, ce serait déroger, Baron, puisqu'il paraît que vous êtes un baron, vous... un vrai, n'est-ce pas ?

LA BARONNE, s'avançant entre le baron et le marquis. D'ailleurs, qu'est-ce qu'ils vous ont fait de plus que ce que vous leur avez fait vous-mêmes ?

MUGUET. Vous avez courtisé nos femmes, nous avons courtisé les vôt...

LE BARON. Hein !..

MUGUET. Vous voyez bien que nous sommes quittes.

LA BARONNE. Il a raison.

LE BARON. C'est-à-dire que nous en sommes tous les deux pour la leçon que vous nous avez donnée.

LE MARQUIS. Et ze dis, que pour ma part, elle profitera.

LE BARON. Mais, au moins, n'imiterez-vous pas l'exemple de ces demoiselles, et ne nous accorderez-vous pas aussi oubli et pardon ?

SUZON, à Muguet. Dis donc, ces dames qui ne répondent pas.

MUGUET. Veux-tu bien te taire, toi. (La poussant par l'épaule.) Quand nous ne serons plus là, ils sauront bien se raccommoder.

SUZON. En ce cas, allons-nous-en.

LE BARON. Allons, prenez ceci pour boire à notre santé.

(Il donne de l'argent à Muguet, et le marquis en donne à Mouchmann.)

MUGUET. On s'y conformera, Baron.

MOUCHMANN. Touchez-là, Marquis; che vous cède mon brononciation.

MUGUET, bas, à Mouchmann. C'est égal... je chercherai s'il en reste, au *Vert-Galant*.

CHŒUR.

Air des Bains à quatre sous.

Qu'ici dans l'instant,
Chacun oublie
Sa jalousie.
L'amour trop souvent,
Par la folie,
Se perd au *Vert-Galant*.

MOUCHMANN, au public.

Air d'une Tyrolienne.

Freunds chaftliches Meiner Geburtstag,
Oft den krafft, vergiss mein nicht,
Gott froh, Meiner...

MUGUET, l'interrompant. Eh bien ! qu'est-ce que tu fais là ?

MOUCHMANN. Che chante un betit couplet, très acréaplement.

(Reprenant.)

Gott froh, Meiner...

MUGUET, l'interrompant de nouveau. Du tout, tu fais la grimace... Il n'y a que les Suisses, pour être laids, comme ça... quand ils s'y mettent... Je vais chanter ça sur un autre air.

Air de Partie et Revanche.

Ah ! franchement il est bien excusable ;
La peur Messieurs, le trouble en ce moment,
Car, voyez-vous, chez le pauvre diable,
Partant du cœur, le sentiment
Par dessus tout est excellent.
Il pri' chacun d' vous êtr' propice,
De vouloir bien accorder un succès ;
A son affreux baragouin Suisse,

(Il fait le geste d'applaudir.)

Répondez-nous, Messieurs, en bon français.

REPRISE DU CHŒUR.

Qu'ici dans l'instant, etc.

FIN.

Imp. de Mme de Lacombe, r. d'Enghien, 12.

NOUVELLES À LA MAIN

Un volume in-32 [illegible] paraissant le 20 de chaque mois. — Prix : 1 fr.

Imp. de Mme de Lacombe, rue d'Enghien, 12.

www.ingramcontent.com/pod-product-compliance
Lightning Source LLC
LaVergne TN
LVHW010313230826
846091LV00007B/3132
9782011901156